NOTE

SUR LES

NÉCROPOLES DE CARTHAGE

LUE A L'ACADÉMIE DES INSCRIPTIONS ET BELLES-LETTRES

PAR

LE Mis DE VOGÜÉ

DE L'INSTITUT

Extrait de la Revue archéologique.

PARIS
ERNEST LEROUX, ÉDITEUR
28, RUE BONAPARTE, 28

1889

NOTE
SUR LES NÉCROPOLES DE CARTHAGE

ANGERS, IMP. A. BURDIN ET Cie, RUE GARNIER, 4.

NOTE

SUR LES

NÉCROPOLES DE CARTHAGE

LUE A L'ACADÉMIE DES INSCRIPTIONS ET BELLES-LETTRES

PAR

LE Mis DE VOGÜÉ

DE L'INSTITUT

Extrait de la Revue archéologique.

PARIS
ERNEST LEROUX, ÉDITEUR
28, RUE BONAPARTE, 28

1889

NOTE

SUR LES NÉCROPOLES DE CARTHAGE

Lue à l'Académie des Inscriptions et Belles-Lettres.

J'ai déjà eu l'honneur d'entretenir sommairement et verbalement l'Académie des fouilles exécutées par le P. Delattre sur le sol de Carthage, je lui demande aujourd'hui la permission de revenir avec plus de détails sur les intéressantes découvertes du savant missionnaire d'Afrique.

Le premier objet de ces fouilles, dont, à mon récent passage à Tunis, j'avais pris l'initiative, était de découvrir des textes puniques. En faisant remuer la terre à l'endroit où avait été trouvé le curieux fragment de tarif publié dans le *Corpus Inscr. Sem.*, j'avais l'espoir de rencontrer d'autres fragments de cette page intéressante, peut-être de mettre au jour quelque texte historique ou religieux qui nous reposât de la monotonie des stèles votives exhumées jusqu'à ce jour par milliers, sans grand profit pour l'histoire de la cité. Cet espoir a été déçu : les fouilles ont démontré que les morceaux du tarif avaient été dipersés au hasard et que le lieu où notre fragment avait été ramassé ne correspondait à l'emplacement d'aucun temple, d'aucun édifice important de la ville carthaginoise : la fouille ne rencontra que des objets romains de basse époque, que des débris sans intérêt. Devant ce résultat négatif le P. Delattre se décida à interrompre des recherches inutiles et à appliquer à d'autres points les moyens d'action que j'avais mis à sa disposition.

Le premier emplacement qu'il se décida à fouiller est situé sur la colline généralement considérée comme étant *Byrsa*, et qui porte aujourd'hui, avec la chapelle de Saint-Louis, les grands établissements fondés par la puissante initiative du cardinal Lavigerie. Un tombeau très ancien y avait été découvert en 1880 lors de la construction de la cathédrale moderne [1]. D'autres indices recueillis par le P. Delattre semblaient démontrer l'existence, sur ce point, d'une nécropole très ancienne, peut-être de la nécropole primitive de Carthage. C'est là qu'il mit la pioche, et le succès ne tarda pas à justifier ses prévisions.

A la profondeur de $2^m,50$ environ, il trouva une véritable couche de sépultures d'une nature toute particulière. De grands vases étaient couchés horizontalement, par lignes sensiblement parallèles, renfermant des ossements humains. A côté de ces vases funéraires, mêlés avec leurs débris, des vases plus petits, de formes variées, ayant sans doute renfermé des offrandes funéraires, puis des amulettes, des figurines de terre cuite, des colliers, tout le mobilier funèbre habituel des sépultures phéniciennes, enfin des fragments de poteries grecques, brisées avant d'être enfouies et portant souvent des *graffiti* en caractères phéniciens. Un trait particulier à cette nécropole et tout nouveau, c'est qu'elle renferme un grand nombre d'ossements calcinés. Jusqu'à présent la pratique de la crémation paraissait avoir été inconnue aux peuples d'origine phénicienne ; les textes n'en font pas mention, à moins que l'on ne considère le bucher funèbre de Didon comme l'indice d'une ancienne tradition recueillie par Virgile. Un seul tombeau de la nécropole de Sidon, fouillé par M. Gaillardot en 1861, avait livré des ossements incinérés [2], reposant sur une couche de charbon : M. Renan s'était demandé s'il fallait en conclure que la crémation avait été exceptionnel-

---

1. Décrit, avec plans et coupes, par le cardinal Lavigerie dans sa *Lettre à M. le Secrétaire perpétuel de l'Académie des inscriptions et belles-lettres*, Alger, 1881. — Décrit également par le P. Delattre, *Bulletin des antiquités africaines*, 1885, p. 241-246. — Voyez aussi le travail de MM. Babelon et S. Reinach dans le *Bulletin du Comité des travaux archéologiques*, 1886, p. 1 et suiv., ainsi que le résumé inséré par M. S. Reinach dans la *Géographie de l'Afrique romaine* de Ch. Tissot, t. II, p. 795 et suiv.
2. *Mission de Phénicie*, p. 468.

lement pratiquée dans l'antique Phénicie ; mais un fait isolé ne constitue pas une preuve suffisante. Les faits recueillis par le P. Delattre sont bien plus sérieux. Le vase que reproduit la planche V, n° 1, renfermait les ossements calcinés d'un seul individu ; il a 0^m,375 de hauteur ; il est en terre grise et décoré de lignes et de feuilles de couleur rouge ; il offre la plus grande analogie avec les vases archaïques provenant des nécropoles de Chypre ou de Rhodes. Un autre vase de même style, de 0^m,32 de hauteur renferme les ossements calcinés d'un seul homme : vingt autres, brisés, écrasés sur place par la pression des terres, contenaient des os ayant subi l'action du feu : ces témoignages accumulés ont une valeur dont il faut tenir compte ; mais ils ne donnent pas encore la solution du problème[1].

Les vases renfermant des ossements non calcinés sont beaucoup plus nombreux et beaucoup plus grands ; le P. Delattre en a mesuré qui atteignaient presque un mètre de hauteur ; celui qui est représenté dans la planche VI, n° 3, est haut de 0^m,59 ; ils sont de matières et de formes variées ; le P. Delattre leur donne le nom d' « amphores », pour les distinguer des vases à ossements calcinés qu'il appelle « urnes » ; je transcris la description qu'il en donne dans une de ses lettres :

Les amphores sont en terre de couleur rouge, parfois de couleur grise souvent elles sont revêtues extérieurement d'une couverte jaunâtre : leur forme est à peu près celle que présenterait un œuf d'autruche coupé par le milieu et

---

1. M. Berger me signale à l'instant une collection de vases récemment découverts dans les ruines d'Hadrumette et qui renferment des ossements calcinés avec des inscriptions néopuniques dont le texte vient d'être adressé à la Commission du *Corpus Inscr. Sem.* Ces inscriptions débutent par les mots מעשן עצמם suivis de noms propres : M. Berger hésite pour le sens du premier mot qui peut être dérivé de עשה « fabriquer » ou de עשן « fumer ». Le second signifie « ossements ». La première étymologie ferait du mot *M'asan* le nom même du vase ; la seconde supposerait une allusion à l'incinération. Quoi qu'il en soit il est certain que les corps avaient été brûlés. On trouve aussi dans la Bible certains faits qui semblent démontrer que la pratique de la crémation n'était pas inconnue chez les Hébreux. Les corps de Saül et de ses fils sont brûlés après la bataille de Gelboé, et leurs ossements seuls sont ensevelis, (I Sam., xxxi, 12) ; Assa est brûlé après sa mort (II Chr., xvi, 14) ; la crémation des rois est mentionnée dans Isaïe (xxx, 33) ; Jérémie (xxxiv, 5).

dont les deux parties seraient réunies par un cylindre de même diamètre. Elles sont dépourvues de col et munies de deux anses. Leur hauteur atteint d'ordinaire près d'un mètre : leur diamètre ne dépasse pas 0^m,32. D'autres affectent une forme particulière : certaines sont ornées de dessins de couleur rouge. (pl. VI, n°^{s} 3 et 4). Aucune n'est sortie intacte des fouilles. Le plus souvent elles sont écrasées et les ossements se trouvent entre les morceaux. D'autres fois elles ont conservé en partie leur forme, mais là terre a rempli l'intérieur. Enfin quand elles sont vides, on y voit les restes de squelettes comme dans un tombeau que l'on ouvre. Pour les adultes on devait employer plusieurs amphores brisées de façon à envelopper complètement le corps. Aucune n'a pu contenir un corps plié.

Il résulte de cette description que les amphores jouaient dans l'ensevelissement des morts un rôle multiple. Les corps d'enfants étaient placés dans un grand vase et enterrés horizontalement ; les corps d'adultes étaient couchés dans une fosse garnie d'amphores ou de fragments d'amphores juxtaposés. Enfin, d'autres amphores servaient évidemment d'ossuaires. Celles qui n'ayant qu'un mètre ou moins de hauteur et 0^m,32 de diamètre, renferment des ossements d'adultes, n'ont pu recevoir un corps ; elles ont dû être destinées à recueillir des ossements extraits de sépultures. Tels sont les coffrets trouvés en Palestine[1] : quoi qu'ils appartiennent à une basse époque, ils constatent un usage qui devait être fort ancien ; cet usage était pour ainsi dire imposé par la force des choses, la ville des morts aurait fini par dépasser celle des vivants, s'il avait fallu trouver des emplacements nouveaux pour la sépulture de chaque génération nouvelle.

Auprès de ces urnes et amphores funéraires, renfermant des ossements calcinés ou non, se trouvaient, avons-nous dit, de petits vases, des objets en terre cuite, ayant eu une destination rituelle. La planche V, n° 2, donne la figure d'un certain nombre des mieux conservés. Ce sont des vases, des patères, un objet ayant la forme d'un poisson, des sortes de plats ; parmi les vases on remarquera ceux qui portent sur la panse un petit goulot conique, espèce de biberon auquel les Arabes donnent le nom caractéristique de *bazzoula* (mamelle). Ces vases sont en terre

---

[1]. Clermont-Ganneau, *Ossuaires Juifs*. Extrait de la *Revue archéol.*, 1873.

assez grossière, rougeâtre ou jaunâtre, sans vernis, décorés de lignes et d'ornements de couleur rouge. Comme les amphores et les urnes, ils rappellent les poteries archaïques de Chypre et de Rhodes; ils appartiennent évidemment à la même époque. Les vases à petit goulot latéral sont les plus nombreux; on en trouve jusque dans l'intérieur des amphores mêlés aux ossements.

Les planches VII et VIII, n°ˢ 5, 6 et 7, reproduisent les petits objets trouvés en même temps, amulettes ou bijoux enfouis avec les corps.

Les colliers, au nombre de huit, sont ou de provenance égyptienne, ou de ce style égyptisant qui caractérise les objets phéniciens antérieurs à Alexandre : des colliers tout semblables ont été trouvés dans les tombeaux de la Syrie et de la Sardaigne : ils sont en faïence émaillée ou en pâte de verre; composés de perles plus ou moins grosses et de figurines symboliques, parmi lesquelles on remarque le *Bès* égyptien, l'œil ou *oudja*, le scarabée, le triangle de la Tanit carthaginoise, des palmettes d'un style particulier. Deux scarabées de jaspe vert portent des intailles rappelant celles de Sardaigne. Celui du collier de la figure 6 laisse voir une sorte d'Hercule combattant le lion et qui appartient à cet art.

La tête figurée au n° 7 offre un intérêt tout spécial : elle est en pâte de verre et polychrome. Le fond du visage est verdâtre, les joues, la bouche, le front, les oreilles sont colorés en blanc, les sourcils et les yeux se détachent en noir. Les oreilles sont ornées de petits pendants circulaires de pâte blanche. Un anneau devait suspendre la tête à un collier : elle a 0ᵐ,04 de haut. M. Maspero affirme que des centaines de têtes absolument semblables ont été trouvées en Égypte. Pour notre savant confrère ce petit objet est de fabrication égyptienne, ainsi que la plupart des éléments des colliers.

La figurine reproduite sous le n° 5 est en terre cuite; elle a 0ᵐ,19 de hauteur; les oreilles et les lèvres sont peintes en rouge vif. Le style rappelle celui de l'Égypte, mais avec un peu plus de liberté : la pose diffère un peu de celle des statuettes funéraires égyptiennes; les bras sont pendants, les pieds découverts. C'est la première figurine de ce genre trouvée à Carthage, mais elle est presque identique à une figurine provenant de Tharros, en Sardaigne, et que M. Perrot a reproduite à la page 452 du tome III de son *Histoire de l'art* : les objets trouvés dans les nécropoles de Sardaigne proviendraient-ils de Carthage, comme se le demande ailleurs notre savant confrère? Le masque figuré sous le n° 7 est également de style égyptisant, mais avec des nuances qui le classent parmi les produits de l'art phénicien. Il est en terre cuite, avec les lèvres et les oreilles peintes en rouge vif. Le P. Delattre le dit semblable à un masque trouvé, il y a quelques années, sur la colline de Junon, à 8ᵐ,50 de profondeur.

Le P. Delattre a encore recueilli, au même endroit, des anneaux d'argent et de bronze, une sonnette de bronze, une hachette, dont il ne nous a pas envoyé la reproduction. Enfin, il a trouvé, au milieu de tous ces objets essentiellement puniques, un grand nombre de fragments de belles poteries grecques à vernis noir, patères, lampes, vases divers. Mais tandis que les vases puniques avaient été déposés entiers près des cadavres, les vases grecs étaient brisés et incomplets; c'est à l'état de fragments qu'ils avaient été confiés à la terre. Un certain nombre de ces débris de patères portent des *graffiti* tracés à la pointe sur le vernis noir. Nous reproduisons ici, ceux qui offrent un intérêt.

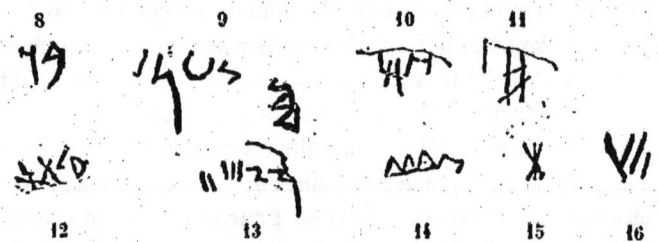

Les nᵒˢ 8 à 12 sont des lettres phéniciennes qui se transcrivent ainsi qu'il suit en lettres hébraïques :

עלם ה זם לען במ

Les quatre premiers sigles sont des abréviations, dont le sens est impossible à déterminer; ils désignent sans doute les noms des morts ; le n° 12, d'une lecture très douteuse, est peut-être le mot qui a le sens d'*éternité, toujours*. Le n° 13 est le nombre 45 en chiffres phéniciens. Les autres symboles sont de simples marques; le n° 14 se répète plusieurs fois.

Le n° 15 se retrouve très souvent, comme marque d'appareil, sur les pierres du tombeau de Juba II, en Algérie, connu sous le nom de tombeau de la Chrétienne (*Qobr-er-roumieh*).

Les lettres phéniciennes sont d'une bonne époque, mais ne sauraient être plus anciennes que le ve siècle. Les vases grecs sur lesquels elles sont tracées ne paraissent pas antérieurs à la même date ; certains des vases grecs qui les accompagnent, à ornements rouges sur fond noir, sont au plus tôt du ive siècle. Mais parmi les amphores et les urnes qui renferment des ossements, il en est certainement de beaucoup plus anciennes. Quant au tombeau de pierre trouvé en 1880, on peut, sans témérité le faire remonter encore plus haut : les poteries qu'il renfermait sont d'un style plus archaïque, d'une exécution plus grossière, sans trace de peintures ou d'ornements. Si l'on adopte le commencement du viiie siècle, comme la date de la fondation de Carthage, il n'est pas déraisonnable d'attribuer la construction de ce tombeau à la première période d'existence de la cité.

La nécropole découverte par le P. Delattre serait donc la nécropole primitive de Carthage.

En continuant ses fouilles, le savant missionnaire a mis au jour un monument qui confirme entièrement cette hypothèse.

A une distance de 4^m,20 du tombeau trouvé en 1880, il a rencontré un tombeau tout semblable mais qui offrait sur le premier l'avantage inappréciable d'être intact. Les plans et coupes que nous donnons nous permettront d'en abréger autant que possible la description ; ils ont été dressés à l'aide des indications que nous a fournies le P. Delattre.

On voit que le tombeau a la forme d'un parallélipipède construit en gros blocs de tuf coquillier, surmonté d'une sorte de toit formé de grosses dalles butées l'une contre l'autre. Les di-

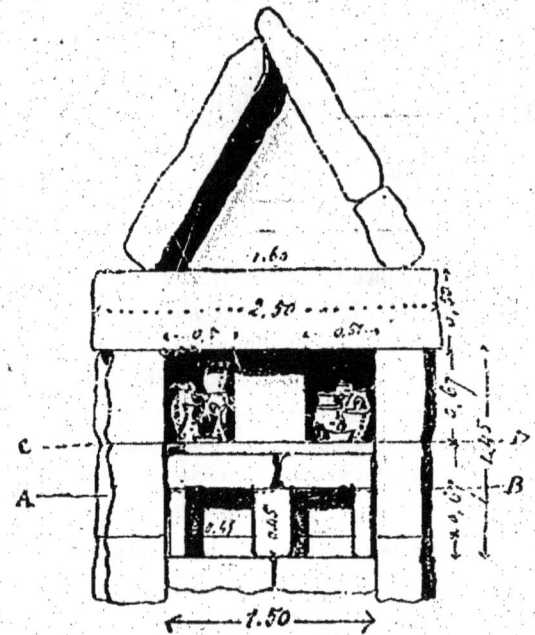

17. — Coupe verticale.

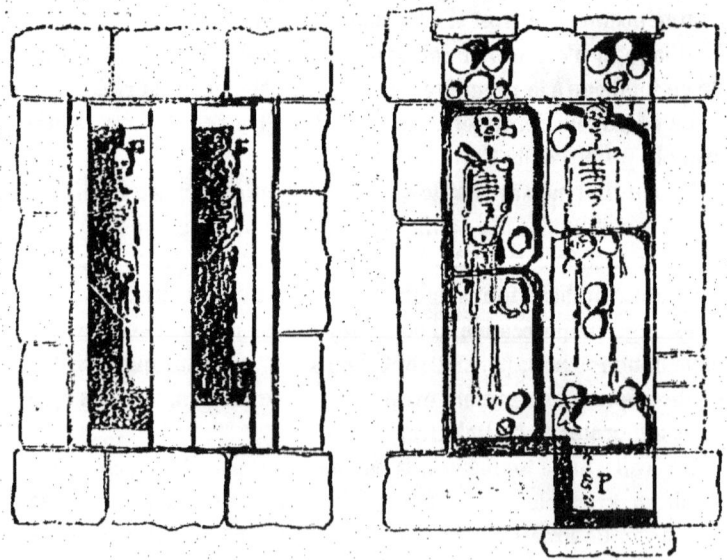

18. — Coupe sur AB.   19. — Coupe sur CD.

mensions des blocs sont considérables : les cinq pierres du plafond ont 2^m,50 en moyenne de longueur, celles du toit 2 mètres, une des pierres du mur latéral a 1^m,65 de long; les lits et joints sont dressés avec soin; un joint de 0,25 de largeur a été rempli à l'aide de petites pierres équarries. Il n'y a pas de fondations et les pierres, d'épaisseur inégale, ne sont layées qu'à l'intérieur, d'où il résulte que la construction a toujours été noyée dans l'intérieur de la terre; voici, selon nous, comment on a procédé : une fosse a été creusée dans l'argile compacte, puis on l'a tapissée de pierres, fermée par un plafond, surmontée par le toit faisant office d'arc de décharge; puis le tout a été de nouveau recouvert de terre. Au fond de cette chambre mortuaire, deux auges ont été disposées pour recevoir deux corps; elles sont simplement construites à l'aide de dalles : deux dalles posées sur le sol pour le fond, trois longues dalles verticales et deux petites pour les côtés, cinq dalles pour les couvercles. Sur cet étage reposaient deux autres corps dans des cercueils de bois.

On entrait dans la chambre par une porte P ménagée à la hauteur seulement du premier étage; cette porte est fermée par une grosse dalle appliquée contre l'entrée; le P. Delattre, arrêté par la présence d'un gros mur moderne n'a pu pénétrer extérieurement jusqu'à cette porte; mais, à en juger par les apparences, il est à peu près certain que la dalle, comme celle qui fermait l'entrée du tombeau trouvé en 1880, n'était pas encastrée, et était simplement posée contre la baie. Elle n'était retenue en place que par la pression des terres environnantes, nouvelle preuve de l'enfouissement complet du monument. Au même étage que la porte et lui faisant face, deux autres baies étaient ménagées dans la paroi latérale, et formaient deux niches derrière la tête des deux morts; elles aussi étaient fermées extérieurement par des dalles que retenait la pression des terres. De petites feuillures, il est vrai, creusées dans les montants, permettaient un certain encastrement, mais leur profondeur était trop peu considérable pour retenir à elles seules les dalles.

Les pierres du toit se contrebuttent mutuellement; d'un côté il y en a quatre debout; de l'autre côté il y en a deux debout aux deux extrémités, l'espace intermédiaire est rempli par deux pierres dont une couchée (voir la coupe) ; le tout tient par un prodige d'équilibre qui n'aurait pu se prolonger longtemps si la construction avait été exposée à l'air.

Tout démontre donc que le monument était entièrement noyé dans le sol, c'est un hypogée artificiel; il est probable qu'un puits vertical de quelques mètres permettait l'accès de la porte, mais qu'il était habituellement comblé de terre.

Le travail de toute la construction est assez grossier; mais il dénote chez ceux qui l'ont conduit l'existence de moyens mécaniques puissants et certaines connaissances mathématiques. La section du vide de la chambre donne un carré, celle du toit un triangle équilatéral; l'unité de mesure employée est la coudée égyptienne de $0^m,525$, et les chiffres donnés par les principales mesures indiquent des préoccupations symboliques : ainsi le côté du carré intérieur et celui du triangle supérieur mesurent 3 coudées; la hauteur des assises et la largeur des pierres du plafond est de $0^m,67$ ou exactement 9 palmes ; la largeur des auges est $0^m,45$ ou 6 palmes; l'épaisseur du couvercle $0^m,22$ ou 3 palmes et ainsi de suite; tous ces nombres sont des multiples de 3.

Il nous reste à décrire la disposition des corps et du mobilier funèbre; nous cédons sur ce point la parole au P. Delattre, nous bornant à transcrire la lettre qu'il nous écrivait le 19 octobre 1888, encore sous l'émotion de la découverte.

Je tenais beaucoup à pénétrer dans cette sépulture par la porte même, mais de grandes difficultés s'y opposaient. Un mur épais de $1^m,74$ appartenant aux constructions de défense de l'époque byzantine passe à moins d'un mètre de la face du tombeau; il fallait creuser dans un terrain très dur contre ce mur et descendre même considérablement au-dessous des fondations pour atteindre la porte.

Je dus donc me résigner à ouvrir le tombeau par le fond à l'endroit où, d'après les indices que me fournissait le tombeau voisin, deux niches devaient avoir été ménagées à l'intérieur. L'opération réussit à merveille. En moins d'une heure de travail, la pierre formant le fond d'une des niches pouvait être déplacée. Comme je m'y attendais, et ainsi que je l'avais annoncé aux ouvriers qui en furent stupéfaits, je trouvai cette niche tout occupée par des vases debout.

C'était d'abord un grand vase haut de 0^m,41 en terre rouge mal cuite et devenue très friable. Sa forme est celle d'un cylindre reposant sur un cône renversé, muni de deux petites oreilles et terminé au sommet par un cercle très légèrement conique, percé au centre d'un trou annulaire sans goulot.

A côté, il y en avait deux autres de grandeur moyenne à double oreillon, à col très court et évasé. Le plus grand de terre rougeâtre était placé sur le plus petit de terre grise (fig. 20, 21).

Devant ces vases, sur le bord intérieur de la niche étaient placées une patère de terre rougeâtre et deux petites fioles, hautes de 0^m,11 et 0^m,125 à une seule anse, à corps renflé et à col un peu allongé. Dans l'une, le goulot forme rebord et dans l'autre, il est légèrement étranglé (fig. 22, 23).

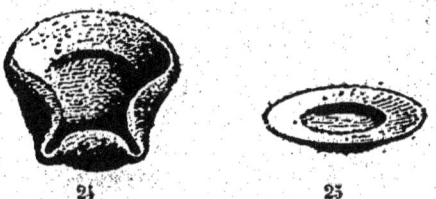

La niche, ouverte et débarrassée des vases que nous venions de retrouver debout à leur place primitive, offrait une baie large de 0^m,51 et haute de 0^m,67 bien suffisante pour nous permettre de pénétrer dans le tombeau. Mais je ne voulus point en commencer l'exploration sans témoins et, pour l'instant, je me contentai d'examiner du regard cette chambre funéraire. L'intérieur était intact et on n'y voyait aucune trace d'infiltration. Deux squelettes y reposaient, étendus dans le même sens, les pieds au sud, la tête au nord. Des lambeaux de bois pourri, épais d'un centimètre environ, recouvraient une partie des ossements. Puis on apercevait, le long des corps, des vases de terre cuite presque tous renversés.

Au fond à gauche, dans un enfoncement, on voyait en partie la grande et belle dalle qui fermait l'entrée et que nous n'avions pu atteindre.

J'avais prévenu deux de mes confrères, le R. P. Voillard, provincial des missionnaires, et le R. P. Bazin, supérieur du grand séminaire, de l'ouverture du tombeau. Lorsqu'ils furent présents et après leur avoir donné le temps d'examiner attentivement du regard l'intérieur du monument, j'en commençai l'exploration, assisté d'un autre de mes confrères, le P. Boisselier.

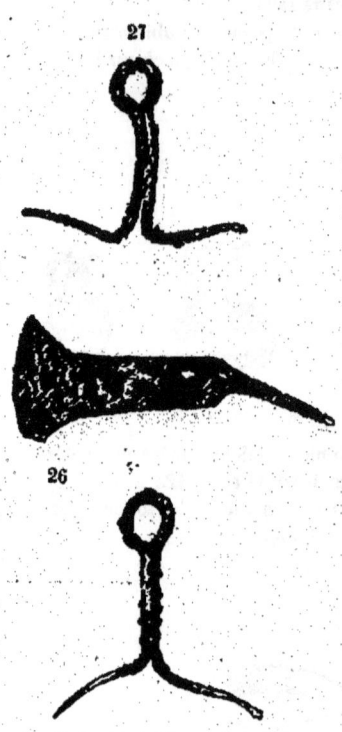

Je retirai d'abord de dessous le crâne affaissé et en morceaux du premier squelette une petite hachette de bronze et une autre semblable placée près de l'épaule gauche (fig. 26). Ce n'est pas la première fois qu'à Carthage on retire des sépultures puniques de ces hachettes votives. Nous en avions trouvé une dans le tombeau découvert en 1880, une autre dans les sépultures à amphores qui remplissent le terrain autour de ces hypogées primitifs. M. Jean Vernaz en a recueilli une également dans les tombes puniques du bord de la mer, et les nécropoles de Sardaigne en fournissent également.

En continuant l'exploration, je recueillis à droite, à la hauteur des reins, un objet de bronze long de 0^m,055, ayant la forme d'un T terminé à la base par un anneau (fig. 27). Nous avions déjà, en 1880, trouvé de ces objets en plus grand nombre sur les os du bassin d'un des squelettes du tombeau voisin : ce sont des anneaux qui étaient fixés dans un ceinturon de cuir.

Enfin, près du pied gauche, une de ces lampes puniques à double bec, dont je n'ai plus besoin de décrire la forme (fig. 24). Elle était renversée et il est facile de constater qu'elle n'a servi qu'une fois. Près de cette lampe était une patère de 0^m,12 de diamètre.

Les os de ce squelette avaient une teinte presque jaunâtre. Le crâne, comme je l'ai dit plus haut, s'était complètement déformé ; mais la mâchoire était assez bien conservée, ainsi que les omoplates, les vertèbres et les os des bras et des jambes.

Le squelette qui reposait à côté était aussi d'une conservation assez satisfaisante ; mais les ossements avaient une teinte brune très foncée. De place en place, le squelette était encore, comme son voisin, recouvert de lambeaux de bois pourri qui paraît avoir été du cèdre. Le corps avait sans doute été déposé dans un cercueil que l'on avait fait glisser sur les dalles dont la dernière n'atteignait point le mur du fond et laissait un vide large de 0^m,16 et profond de 0^m,18.

La tête, soutenue longtemps par le bois du cercueil, avait enfin fini par tomber en se brisant dans cet intervalle.

La niche située au dessus de la tête du squelette renfermait, encore debout à leur place primitive, trois vases semblables de forme, hauts de 0ᵐ,33 à 0ᵐ,35, et une lampe dont les deux becs avaient été noircis par la fumée.

Près de l'épaule droite, une autre lampe avait été posée sur une patère. Elle était aussi noircie et renfermait un résidu calciné, couleur de cendre.

Entre les deux fémurs, on voyait aussi une patère inclinée sous une lampe et une petite fiole à demi renversées. Il était facile de se rendre compte que ces poteries avaient été, lors de l'inhumation, déposées sur les genoux du cadavre. Une seule fiole gisait à côté de ce groupe. La première renfermait au fond un dépôt jaunâtre qui se détachait en forme d'écailles. Dans l'autre, le dépôt produisait une poudre noire. Quant à la lampe, elle n'était point noircie. La mèche était conservée. Allumée un instant, elle s'était éteinte aussitôt et était demeurée intacte, inclinée sur le bord de la lampe. Près du pied droit, un vase de grandeur moyenne était couché sur le côté, l'ouverture dirigée vers l'entrée du tombeau. Un autre vase de même dimension était debout près du pied gauche. Ces deux vases contenaient, comme les deux autres, des traces de dépôt des liquides qu'ils avaient contenus. Le bras droit était étendu le long du corps et la main gauche avait reposé sur l'abdomen. Les rotules étaient encore en place. Nous avons mesuré la longueur des principaux membres. L'humérus mesurait 0ᵐ,36, le fémur, 0ᵐ,48, le tibia, 0ᵐ,42, le sacrum, 0ᵐ,12. La largeur du squelette aux épaules et au bassin était de 0ᵐ,37.

Les dalles sur lesquelles avait été déposé le cadavre de ces deux Tyriens fermaient elles-mêmes deux auges ménagées dans la partie inférieure de la chambre funèraire.

Il fallut lever ces lourdes pierres à l'aide d'un cric, ce qui n'était pas chose facile, vu le peu d'espace dont on disposait en hauteur dans le compartiment supérieur. On y parvint cependant et nous vîmes un troisième squelette reposant dans une auge longue de 2ᵐ,04, large de 0ᵐ,46 et profonde de 0ᵐ,45. Les ossements avaient une teinte jaunâtre. La boîte cranienne était bien conservée. Afin de la sauver, je voulus l'enduire de spermacéti. Quant à la mâchoire, elle avait été brisée par un éclat de pierre détaché de la dalle sous laquelle elle reposait. Le crâne appartenait à un *mésaticéphale* bien nettement accusé. Son diamètre antéro-postérieur maximum est de 0ᵐ,188 et son diamètre transverse maximum de 0ᵐ,148, ce qui donne comme indice céphalique 78,72. Nous prîmes sur place la mesure de quelques-uns des principaux ossements.

L'humérus avait en longueur 0ᵐ,285, l'omoplate 0ᵐ,18, le sacrum 0ᵐ,115 et le fémur 0ᵐ,285. Ce squelette n'était accompagné d'aucun objet de bronze ni d'aucun vase; mais aux quatre angles du sarcophage on avait pratiqué dans la pierre qui en formait le fond des espèces de godets carrés mesurant environ 0ᵐ,20 de côté et de 0ᵐ,08 à 0ᵐ,10 de profondeur.

Nous ouvrîmes alors à l'aide du cric le sarcophage voisin. Il mesure comme l'autre 0ᵐ,45 de profondeur, mais il n'a que 1ᵐ,00 de longueur et 0ᵐ,44 de largeur. Le squelette était aussi assez bien conservé; mais le crâne était réduit en morceaux. Aucune poterie n'accompagnait ce squelette. Mais la pierre du fond, comme l'auge voisine, était munie de godets carrés. On ne trouva qu'une boucle de bronze en forme d'Y à anneau, comme celles que nous avons déjà signalées.

Nous ne vîmes aucune trace de bois pourri dans les deux sépultures inférieures.

La précision et la clarté de cette description permettent de reconstituer par la pensée toute la disposition intérieure de ce curieux tombeau. Le P. Delattre l'a du reste fixée pour l'avenir encore mieux que par la plume. Il a transporté, avec des précautions minutieuses, au Musée de Carthage, l'un des squelettes et l'a placé sous une vitrine, entouré de tous les objets qui l'accompagnaient dans le tombeau, remis à leur place primitive.

Ces objets sont venus se ranger à la suite de ceux que le P. Delattre avait déjà extraits de ses fouilles en 1878 et en 1881 et qui sont identiques de forme et de style. Nous les avons examinés au printemps dernier. Ce sont des vases, des lampes, des patères en terre grossière, des hachettes et des anneaux de bronze pareils à ceux figurés ci-dessus : une bague d'argent à chaton d'or avec figures égyptisantes, des colliers de faïence égyptienne ou d'imitation égyptienne, des scarabées parmi lesquels j'en ai remarqué un portant le cartouche de Thoutmès III, si fréquent sur les scarabées trouvés en Phénicie. Deux épées de fer complètent la collection des objets fournis par les premiers tombeaux puniques[1]. Quant aux tombeaux eux-mêmes, celui de 1880 et celui de 1888 sont presque semblables de forme : ceux trouvés en 1878 sous l'emplacement dit du temple de Junon sont moins grands et moins soignés, mais ils témoignent des mêmes procédés et appartiennent certainement à la même période.

L'ensemble de ces découvertes comble une lacune dans l'histoire de l'art. Jusqu'à elles on n'avait aucun monument authentique de la Carthage punique, et notre savant confrère, M. Perrot, pouvait encore constater avec regret, il y a trois ans, dans son

---

[1]. Voir la description plus étendue de ces objets dans les articles déjà cités du cardinal Lavigerie et du R. P. Delattre.

magistral ouvrage (*Histoire de l'Art*, III, p. 94, 453) qu'il était obligé de chercher ailleurs que sur le sol africain des renseignements sur les œuvres de Carthage. Les fouilles du P. Delattre ont ouvert la série des monuments inconstestablement carthaginois : ils confirment d'ailleurs ce que l'induction avait deviné, ce que l'étude des nécropoles de Sardaigne, de Chypre ou de Syrie avait permis d'avancer : l'art phénicien est identique à lui-même sur les divers points où l'esprit de négoce et d'aventure a porté les colons de Tyr ou de Sidon. Il manie de grosses masses de pierre; il est plus industrieux qu'original; il procède de l'Égypte et de l'Assyrie; il n'échappe à l'influence de ces deux puissances que pour retomber sous celle des arts supérieurs de la Grèce. Enfin les fouilles du P. Delattre fixent un point important de la topographie de Carthage, l'emplacement de la nécropole primitive. Ces tombeaux, faits de grosses pierres, avec leurs cercueils de cèdre et leurs armes de bronze, avec leurs poteries caractéristiques, où nul ornement ne relève la grossièreté de la matière, ces sépultures appartiennent certainement aux premiers chefs de la cité : les faire remonter au viiie ou au viie siècle avant notre ère n'est nullement téméraire. Les sépultures placées dans la couche supérieure du sol, celles où les vases grecs apparaissent comme des objets de commerce ou de luxe, brisés après la mort, appartiennent à l'âge héroïque de Carthage, sinon aux représentants des classes les plus élevées de ses habitants. Ce sont des restes incontestables de la cité punique. Quelques opinions préconçues pourront être modifiées par ces faits, la topographie généralement adoptée pourra en recevoir quelque atteinte; ce sera aux savants compétents à en développer les conséquences, nous n'insisterons pour notre part que sur un point : la nécropole de Gamart que, depuis Beulé, on s'habitue à considérer comme la nécropole punique, ne peut plus conserver cette attribution, tant ses tombes diffèrent de celles de la colline de Saint-Louis. A qui alors l'attribuer? C'est une question à laquelle les recherches du P. Delattre vont encore nous permettre de répondre.

II

L'Académie sait que l'on désigne sous le nom de nécropole de Gamart ou Qamart un vaste cimetière creusé dans le flanc du Djebel-Khawi, colline calcaire située au nord de Carthage, sur le bord de la mer. Beulé est le premier qui ait méthodiquement exploré cette nécropole; il en a donné une description étendue (*Fouilles à Carthage*, p. 121): il a constaté que tous les tombeaux sans exception étaient conçus d'après le même type, et, ce type se retrouvant en Syrie, particulièrement en Palestine, il en a conclu que la nécropole était celle de la Carthage phénicienne.

Le P. Delattre a démontré que cette opinion n'était pas fondée et que la nécropole de Gamart était celle de la colonie juive établie à Carthage, sous la domination romaine. Ses premières recherches datent de 1887; il en a consigné le résultat dans le journal *le Cosmos* (7 avril 1888); l'été dernier, sur ma demande, il a repris cette étude, aidé par les élèves du grand séminaire qui passent leurs vacances sur la colline de Gamart; trois semaines ont été consacrées à ce travail, des fouilles furent exécutées sur plusieurs points, les principales tombes relevées, mesurées et dessinées; l'on peut dire aujourd'hui que l'étude est complète et la démonstration péremptoire.

Cent trois chambres funéraires ont été visitées; elles sont d'une remarquable uniformité: le plan n° 28 qui reproduit un groupe de ces tombes permet de le constater, un escalier *a* d'une dizaine de marches, taillé dans le roc, conduit à une chambre rectangulaire B entourée de ces fours à cercueil *i*, ou *loculi*, que les juifs nommaient *qoqim*, au nombre de quinze au moins et de dix-sept au plus; les quelques tombeaux qui font exception à cette règle sont si rares, qu'ils ne suffisent pas à l'infirmer: les dimensions sont sensiblement les mêmes, on sent qu'une règle étroite, minutieuse, a présidé à toutes les constructions; les chambres ont 3^m,70 de large ou six coudées, de 5^m,50 à 6^m,70 de long, suivant le nombre des *loculi*, c'est-à-dire de dix à douze coudées; les *qoqim* ont 0ᵐ,53 sur 2ᵐ,05, c'est-à-dire une coudée sur quatre. Or, ces dimensions sont exactement celles du Talmud. Beulé qui le premier a noté ce fait n'a pas compris la conclusion à en tirer; il est vrai qu'il n'avait pas eu le temps de déblayer un

grand nombre de tombes et d'étudier leurs parois. Or c'est sur la surface des murs que le P. Delattre a trouvé la preuve du caractère juif et relativement moderne des monuments. Beaucoup de ces parois avaient été recouvertes d'un enduit blanc, et décorées d'ornements en stuc; les ornements sont de style romain impérial. Des inscriptions sont tracées à la pointe sur le stuc, ou peintes en rouge brun; le chandelier à sept branches s'y trouve fréquemment, les inscriptions sont en latin ou en hébreu. Nous ne reproduirons pas celles que le P. Delattre a publiées dans *le Cosmos*, et qui fournissent les noms *Gaius, Arnesus, Aster, Colomba, Licenia, Sabira...* et la formule *in pace* : nous nous bornons aux documents nouveaux fournis par l'exploration de l'été dernier.

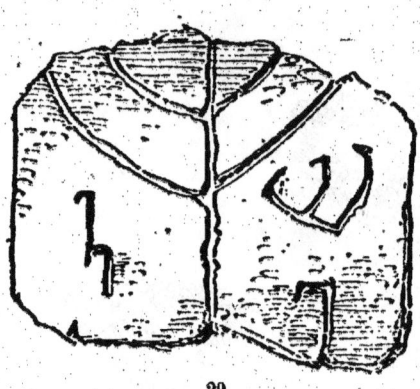

29

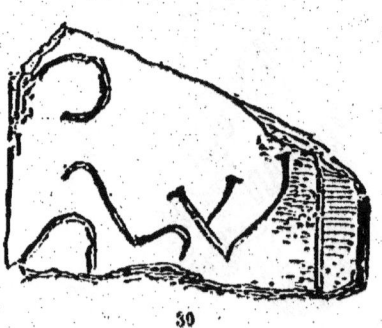

30

Ce sont d'abord deux fragments de marbre, dont nous donnons ici la figure.

Le premier porte le chandelier à sept branches avec le mot שלום, le second porte le mot שלם et les restes d'une lettre qui peut avoir été un *samech*.

Ce mot *chalom*, orthographié de deux manières différentes, avec et sans quiescente, correspond à l'*in pace* des inscriptions latines. La forme des caractères est celle qui convient à l'époque romaine. Ces fragments proviennent de deux épitaphes qui étaient sans doute encastrées dans le petit mur qui fermait chaque *loculus* après qu'un corps y avait été enseveli.

Pour les autres détails, nous transcrivons la lettre que nous écrivait le P. Delattre le 17 décembre 1888.

... Un hypogée a une forme tout exceptionnelle : il se compose de deux chambres inégales, communiquant par un large couloir ; vingt-quatre *loculi* y sont percés ; au-dessus de l'un d'eux se lit en lettres rouges de 0^m,075 de hauteur :

SIDONIVS
IN PACE
IZO (?)

La dernière ligne est très incertaine.
Un autre hypogée nous a donné les inscriptions suivantes gravées à la pointe

aLeXAnDER   BR'V////////
                             D'E////////
                             R////////

Les traces de beaucoup d'autres inscriptions sont visibles, mais indéchiffrables. Voici quelques exemples du chandelier à sept branches.

31

Je vous ai déjà dit que quelques tombes avaient conservé leur enduit : il est quelquefois d'une blancheur de neige. Sur cet enduit étaient tracées des décorations peintes. Un caveau, qui a malheureusement très souffert, montre encore des traces de coloration rouge et verte ; dans un angle du plafond, on distingue une corniche simulée, ornée de festons, et un vase en forme de cratère ; le style est absolument romain, je vous en envoie un croquis.

Dans un autre caveau, la décoration était faite en stuc en relief et peint. Une frise régnait au dessus des *loculi* ; deux cadres moulurés, larges de 53 centimètres, s'y voient encore ; l'un renferme un cavalier, l'autre un personnage debout près d'un arbre, et tenant un fouet de la main droite ; les cadres alternent avec des panneaux ovales. Dans le fond, deux génies ailés tiennent un médaillon circulaire qui devait contenir un buste en relief, sans doute le portrait du défunt.

Mais la plus belle décoration est celle dont je vous envoie un croquis (fig. 32) ; le rectangle central figure le plafond ; les parois latérales sont rabattues tout autour :

A. Porte d'entrée percée dans la paroi B;
C. Paroi de droite;
E. Paroi de gauche;
HK. Développement de la face interne de l'*arcosolium* J qui embrasse les trois *loculi* du fond;
I. *Loculi*;
M. Trou accidentel dans le plafond.

Le plafond est décoré de quatre cadres rectangulaires et de deux cadres circulaires disposés symétriquement ; les sujets en relief qu'ils renfermaient se sont détachés et sont tombés ; on distingue encore des génies ailés, tenant des guirlandes ou des draperies et placés entre des cadres. Dans chaque angle, des palmettes donnent naissance à des branches de vigne qui se développent en rinceaux.

Entre la naissance du plafond et le sommet des *loculi* régnait une frise qui représentait des scènes de vendange. On distingue d'un côté des hommes portant des amphores de vin et venant les ranger côte à côte, de l'autre une femme debout près d'une cuve cerclée ou grande corbeille; deux personnages se dirigent vers elle, l'un à pied, l'autre à cheval. Près de la porte, deux autres cuves ou corbeilles.

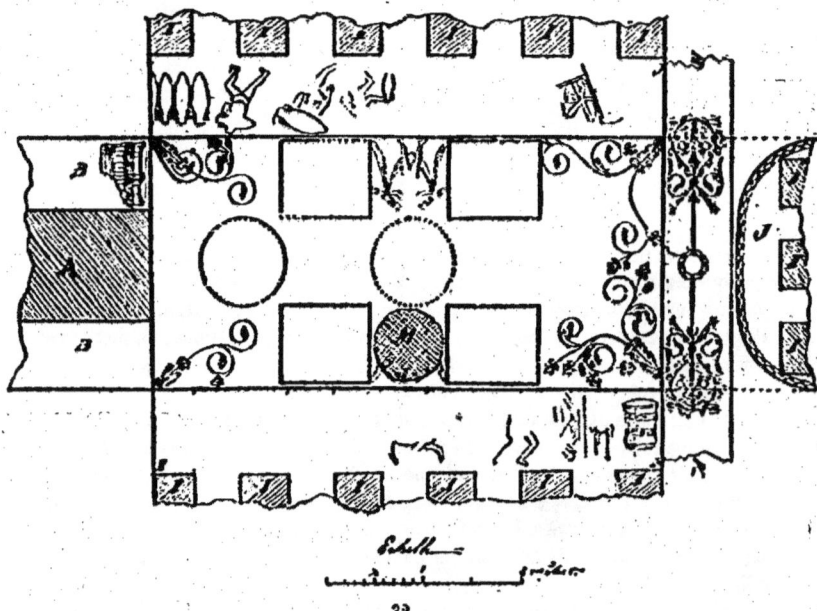

32

Mais la portion la mieux conservée est la face interne de l'arc surbaissé ou *arcosolium* du fond; elle porte des arabesques de style absolument romain, encadrés dans une ligne de raies de cœur; le même motif se trouve sur les mosaïques de Carthage, appartenant à la première moitié du IIe siècle de notre ère.

Nous avons visité d'autres caveaux dans lesquels se remarquent aussi des restes d'ornementation de même style, où la vigne tient une place importante; mais les exemples que je vous ai cités suffisent pour donner une idée exacte de la décoration de toute la nécropole.

Je dois ajouter que dans nul caveau nous n'avons remarqué de traces de remaniements pouvant faire croire que la nécropole a servi de lieu de sépulture à deux époques différentes. Nulle part non plus nous n'avons trouvé ces trous de scellement qu'a signalés Beulé et qu'il croyait avoir été destinés à fixer de légères tablettes de bronze.

Quelques mots maintenant sur l'étendue de la nécropole. Il est certain que les groupes de caveaux n'occupent point toute la superficie de la montagne, mais seulement certains points des plateaux supérieurs des collines.

Les jeunes missionnaires du séminaire de Carthage qui visitent si souvent la nécropole de Gamart et y passent chaque année plusieurs semaines de vacances, ayant tout le temps d'explorer à loisir les coins et les recoins de la montagne, évaluent à peu près à la moitié de la nécropole entière, les cent trois caveaux que nous avons visités, ce qui donnerait deux cents et quelques caveaux.

Afin d'obtenir un chiffre rond, même exagéré, élevons ce nombre à deux cent cinquante. La moyenne des *loculi* étant de dix-sept pour chaque hypogée, la nécropole de Gamart a pu, tout au plus, recevoir quatre mille deux cent cinquante cadavres. Nous voilà bien loin des milliers de chambres sépulcrales et des millions de tombes dont parle Beulé.

Je vous ai déjà parlé dans ma première lettre des nombreux trous circulaires et carrés pratiqués à ciel ouvert sur la surface aplanie de la montagne. Ces trous, les uns de 0m,30 de diamètre, les autres de un mètre de côté ne paraissent pas avoir été des soupiraux, car le plus souvent ils se terminent en cul-de-sac et on les retrouve dans des endroits où il n'y a aucun caveau souterrain. Leur profondeur variant régulièrement de soixante-quinze centimètres à un mètre, ils ne paraissent pas non plus avoir été des trous de sondage. Je vous ai dit qu'ils devaient avoir servi à la plantation d'arbres ou de plantes.

En signalant le premier l'image du chandelier à sept branches dans un hypogée de Gamart, Davis en fait un emblème chrétien.

Je croyais moi-même, il y a quelques années, en étudiant celles de nos lampes qui portent ce symbole, qu'il était commun aux Juifs et aux Chrétiens. J'avais été trompé en cela par une épitaphe que je croyais chrétienne à cause de la formule IN PACE, quoique j'y reconnusse clairement l'image du chandelier à sept branches. Mais les rédacteurs du huitième volume du *Corpus Inscriptionum Latinarum*, qui avaient eux-mêmes classé ce texte parmi les inscriptions chrétiennes d'après une copie de W. Fenner (*C. I. L.*, VIII, n° 1091), la restituèrent à l'épigraphie juive, lorsqu'ils eurent connaissance de ma copie (*C. I. L.* VIII, p. 929). C'est, en effet, une épitaphe juive.

Un habitant de la Marsa, où se trouvait naguère encore ce texte dans la cour extérieure du palais de la comtesse Raffo, m'avait dit que cette inscription avait été trouvée *derrière la chapelle de Saint-Louis*. J'ai lieu, aujourd'hui, de soupçonner d'inexactitude ce renseignement, et je croirais volontiers que cette épitaphe provient de la montagne voisine, c'est-à-dire de la nécropole de Gamart.

Depuis, on a découvert, à Hammam el-lif, les restes d'une synagogue du Vᵉ siècle, encore pavée de sa mosaïque. On y voit une inscription placée entre deux chandeliers à sept branches et terminée elle-même par le même symbole. Dans les déblais, on a recueilli une lampe de terre rouge ornée de cette emblème et enfin les débris d'un candélabre mosaïque en albâtre.

Ces découvertes confirmaient l'emploi du chandelier à sept branches dans le symbolisme juif, sans infirmer cependant son usage comme emblème parmi les chrétiens. Mais une de nos lampes chrétiennes[1] dont j'ai l'honneur de vous adresser une reproduction photographique (fig. 33, Pl. VIII), semble lever tout doute à cet égard. On y voit, en effet, le chandelier à sept branches renversé et foulé aux pieds en même temps que le serpent infernal, par le Christ vainqueur. Cette représentation ne porte-t-elle pas à croire que le chandelier à sept branches était, du moins à Carthage, exclusivement employé comme emblème par les Juifs?

La démonstration faite par le savant missionnaire d'Afrique est concluante. Il est certain que la nécropole de Gamart, qui forme un tout homogène et limité, est le cimetière de la colonie juive de Carthage à l'époque romaine : comme le cimetière si curieux et si homogène aussi trouvé à la Malga par le P. Delattre est celui de la corporation des esclaves et affranchis impériaux. De même les Juifs avaient aux portes de Rome, sur la voie Appienne, un cimetière souterrain qui a été décrit par le P. Garucci (*Cimitero degli antichi Ebrei*, Roma 1862). Ce cimetière, on se le rappelle, renferme des sarcophages à personnages, des décorations peintes où figurent des génies, des animaux, des hommes et des femmes, tout un symbolisme plastique que l'on croyait banni des usages judaïques : or les inscriptions nombreuses qui accompagnent cette décoration ne laissent aucun doute sur son origine judaïque. Il faut donc admettre que les Juifs établis dans les villes de l'empire romain s'étaient relâchés de la stricte observance des prescriptions mosaïques et avaient adopté, au moins dans des tombeaux souterrains, les motifs de l'art païen. Devant ce fait tombe la seule objection qu'on pût être tenté d'élever contre l'attribution de la nécropole de Gamart aux Juifs de Carthage. Il ne serait pas impossible d'ailleurs que quelques-unes de ces tombes décorées fussent chrétiennes; c'est dans les colonies juives que se rencontrèrent les premiers adhérents de la foi nouvelle, et la trace de ces premières conversions pourrait se trouver jusque dans les cimetières. A l'appui

---

[1]. Cette photographie a déjà été communiquée à l'Académie par M. Le Blant, le 26 octobre 1888, avec de savants commentaires. *Comptes rendus*, t. XVI, p. 445.

de cette hypothèse on pourrait invoquer la présence, parmi les objets recueillis par le P. Delattre dans la nécropole de Gamart, d'un fragment d'inscription sur marbre qui a une grande analogie avec les inscriptions chrétiennes de Rome; en voici la reproduction n° 34 : ce sont les restes du mot *carissimo* ou *carissima*,

34

si fréquent dans les épitaphes romaines. A lui seul ce fragment ne prouve rien, mais il ouvre un chapitre qu'il appartient aux recherches ultérieures de continuer ou de fermer.

On a déjà fait remarquer que la Syrie et la Palestine renferment un nombre immense d'hypogées dont les dispositions intérieures sont identiques à celles des tombes de la nécropole de Gamart. On a beaucoup discuté sur l'âge qu'il convenait de leur attribuer. Pour ma part j'ai toujours soutenu qu'elles étaient habituellement d'une époque relativement moderne. On me permettra de constater les arguments nouveaux que les fouilles de Carthage apportent à l'appui de mon opinion.

La Phénicie et la Syrie n'ont pas fourni jusqu'à présent de types identiquement semblables aux tombeaux trouvés sur la colline de Saint-Louis; soit que dans ces régions les tombeaux *construits* aient été rares, soit qu'ils aient échappé aux explorateurs. Mais parmi les tombeaux creusés dans le roc autour de Sidon, il en est qui offrent, avec ceux de Carthage, des analogies très caractéristiques. Ils se composent de chambres rectangulaires, à parois unies, auxquelles on accède par un puits vertical, et dans lesquelles les morts sont déposés, en deux couches séparées par des dalles : aucune trace de *loculi* ; ce sont ces caveaux étudiés par la *Mission de Phénicie* (p. 464, pl. LXIII) que M. Renan considère comme les plus anciens de tous ceux qui ont été découverts sur la côte asiatique. Nous partageons ce sentiment, qui reçoit des fouilles de Carthage une confirmation nouvelle. Le principe des deux systèmes est le même : à Byrsa, comme à Sidon, on a voulu disposer une chambre souterraine et y déposer ses morts dans des conditions semblables : seulement à Byrsa le sol argileux ne donnant pas, comme la roche calcaire de Sidon, des parois d'une solidité suffisante, on les a tapissées de pierres taillées. Le résultat a été le même : la pieuse sollicitude des vieux Tyriens voulait soustraire la dépouille des ancêtres à l'action des forces destructives de la nature ; elle voulait que le corps des guerriers reposât en paix à toujours, entouré des armes familières, des ustensiles et des aliments qui symbolisaient la vie élyséenne : elle avait atteint son but, à Byrsa comme à Sidon, et les ossements des compagnons de Didon, comme ceux des sujets d'Hiram, auraient continué à défier l'effort des siècles, si la pioche indiscrète de l'archéologue n'était venue troubler leur sommeil et les tirer de l'oubli.

FOUILLES DU PÈRE DELATTRE A CARTHAGE

NÉCROPOLE PUNIQUE DE BYRSA
— 1889 —

(Planche I)

Le P. Delattre a continué, pendant l'été dernier, les fouilles qu'il avait entreprises sur la colline de Byrsa, à Carthage, et dont nous avons rendu compte précédemment. Ses nouvelles recherches ont entièrement confirmé les résultats acquis par ses premiers travaux. Il est bien certain que le flanc de la colline qui porte aujourd'hui l'établissement de Saint-Louis renferme la plus ancienne nécropole de Carthage ; les tombeaux récemment découverts sont de la même famille que ceux que nous avons décrits, bâtis comme eux en gros blocs grossiers, formant une chambre sépulcrale enfouie sous terre ; les objets que le P. Delattre y a trouvés appartiennent au même art égyptisant, et par leur variété, enrichissent la collection déjà importante des monuments provenant de la Carthage punique. On en trouvera la liste dans la note ci-jointe.

La gravure ci-contre, n° 1, représente l'état des fouilles. Les chambres sépulcrales puniques sont désignées par la lettre A : le sarcophage B est celui que le P. Delattre décrit sous le n° I. Un gros mur romain ou byzantin M, construit après coup, recouvre en partie le plus intéressant des tombeaux, celui que le P. Delattre a décrit sous le n° III et dont la gravure n° 2 donne le plan et les coupes. Il était, comme le tombeau que nous avons publié, couvert d'un toit triangulaire en blocs posés debout : les constructeurs byzantins ont détruit ces couples de blocs, sauf un, et ont assis les fondations du mur M sur le plafond même du tombeau, qui a résisté à la pression. Mais ils ont laissé subsister le puits carré qui conduisait à la porte P et qui est un des détails les plus intéressants de la nouvelle découverte. Le P. Delattre en a déblayé une partie : ses parois sont tapissées de gros blocs N, N ; il rappelle les puits carrés, taillés

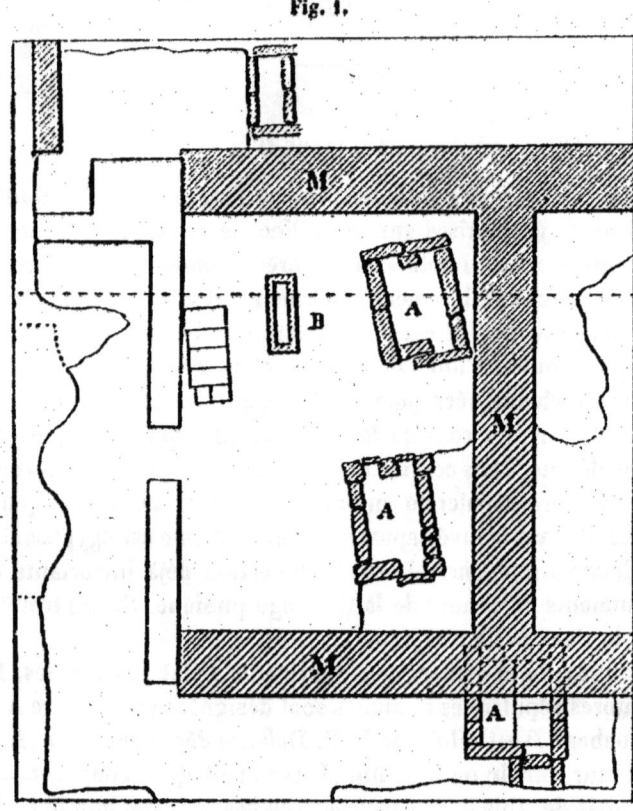

Fig. 1.

dans le roc, qui donnent accès aux plus anciennes sépultures de 'Sidon, et complète l'analogie que nous avons cherché à établir entre les tombeaux de Carthage et ceux de la vieille nécropole phénicienne.

Les objets recueillis dans ce tombeau et dans les tombeaux environnants sont du plus haut intérêt ; les scarabées sont exactement de même style que les scarabées phéniciens trouvés dans l'île de Sardaigne; les faces peintes sur œuf d'autruche sont très curieuses; l'œnochoé de bronze doré est un morceau capital:

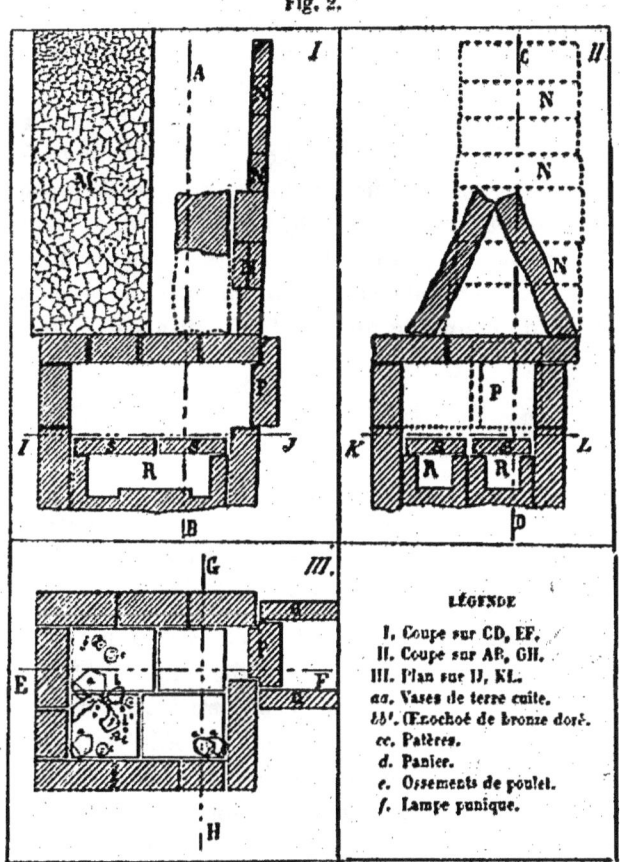

Fig. 2.

LÉGENDE

I. Coupe sur CD, EF.
II. Coupe sur AB, GH.
III. Plan sur IJ, KL.
aa. Vases de terre cuite.
bb'. Œnochoé de bronze doré.
cc. Patères.
d. Panier.
e. Ossements de poulet.
f. Lampe punique.

il serait bien à désirer qu'un dessin en fût donné : d'après la description du P. Delattre la forme semblerait grecque, mais le disque et les uræus sont d'origine égyptienne : faut-il voir dans cette œuvre mixte le produit d'une première influence grecque, de cette influence *en retour*, selon la juste expression de M. Heuzey, qui dès le vi⁰ siècle avant notre ère a si profondément modifié les procédés artistiques sur tout le littoral atteint par le commerce hellénique? C'est ce qu'une reproduction fidèle du monument nous permettra seule de décider. Que Carthage ait de très bonne heure subi l'action de l'hellénisme, nous en avons la preuve, non seulement par les fragments de vases peints que les premières fouilles du P. Delattre ont mis au jour, mais par deux figurines que ses nouvelles fouilles ont exhumées, non dans les tombeaux eux-mêmes, mais à leur proximité, et dont on trouvera la photographie sur la planche I : l'une, figure de femme ou de déesse, serrant un disque sur son sein, est la proche parente des figurines trouvées en Chypre, à Rhodes, sur plusieurs points de l'archipel : l'autre est la représentation certaine d'un cavalier grec. Nous reviendrons sur ce sujet, nous contentant aujourd'hui de donner la note du P. Delattre sans autre commentaire.

M. DE VOGÜÉ.

I

Saint-Louis de Carthage, 23 octobre 1889.

Le 7 juin, nous avons trouvé, à 2^m,15 à gauche du premier tombeau découvert en 1880 et à la hauteur de son plafond, un sarcophage en tuf coquillier, monolithe long de 2^m,20, large de 0^m,78 et haut de 0^m,57. L'auge mesure 1^m,83 de longueur, 0^m,42 de largeur et 0^m,37 de profondeur. Elle était fermée à l'aide de plusieurs dalles de même pierre et assez mal équarries. Un squelette y reposait, orienté comme dans les sépultures environnantes. Près de l'épaule gauche, je remarquai les traces d'une épingle de bronze très oxydée. Je fus surpris de ne trouver aucun vase dans cette sépulture. Mais nous devions rencontrer quelques jours plus tard ces vases groupés au nombre de quatre à la tête extérieure du sarcophage. Ce sont toujours les mêmes poteries grossières dépourvues de toute espèce de décor.

II

Le 1ᵉʳ août, ouverture, par le flanc, d'un caveau rectangulaire mesurant intérieurement 2 mètres de longueur, 0ᵐ,68 de largeur, et 1 mètre environ de hauteur. Plafond formé de longues pierres, mais ne supportant pas de toit à double pente.

Deux squelettes superposés et séparés l'un de l'autre par une couche de terre épaisse de 0ᵐ,15 à 0ᵐ,20, reposaient dans cette tombe. Ils étaient accompagnés des objets suivants :

1° Cinq *statuettes* de style égyptisant, hautes de 0ᵐ,075. Elles imitent des momies[1]. Les deux mains réunies sur la poitrine semblent tenir un long bâton. Ces figurines de terre cuite sont munies d'un petit trou qui permettait de les suspendre ;

2° Une paire de *disques de bronze*, de 0ᵐ,092 de diamètre, espèces de castagnettes munies extérieurement d'un petit anneau ;

3° Un petit *vase bombé*, sans anse, haut de 0ᵐ,06 et mesurant, à la panse, 0ᵐ,10 à 0ᵐ,11 de diamètre, noirci intérieurement et extérieurement par l'action du feu ;

4° Un *objet de terre cuite*, espèce de gobelet sans fond, ayant la forme d'un cône tronqué dont le sommet serait soudé à une demi-sphère, orné extérieurement de deux zones rouges et de sept cercles noirs. Hauteur, 0ᵐ,195 ;

5° Une *lampe punique* ;

6° Une *lame de fer*, à tranchant arrondi, large de 0ᵐ,025, longue de 0ᵐ,09 ; plus l'appendice long de 0ᵐ,035 à extrémité recourbée qui devait entrer dans le manche. Une des faces de cette lame conserve des traces de l'étoffe qui entourait sans doute cet instrument.

7° Un *pendant d'oreille en or*. Au-dessous de l'anneau est soudé un petit ornement ressemblant à la lettre T pattée (les tombeaux de la Sardaigne en ont fourni beaucoup de semblables. Cf. Perrot, III, p. 822, fig. 582) ;

---

[1]. L'une d'elles est figurée à la planche I.

8° Trois *amulettes* de pâte blanche et verdâtre : *Bès, Phtah embryon* et *oiseau sacré* opposé à un personnage debout, tenant la main droite baissée et la gauche appuyée sur la poitrine;

9° Quinze[1] *morceaux d'œufs d'autruche* sur lesquels sont en partie ciselés, en partie peints, les traits d'un visage quelconque. Les couleurs employées sont le rouge, le noir et le jaune;

10° Enfin une belle *hachette de bronze,* la plus grande que nous ayons trouvée jusqu'à présent. Elle mesure, avec l'appendice, 0^m,135.

Nota. J'ai lieu de croire que cette sépulture se compose de plusieurs compartiments dont nous n'avons pu visiter qu'un seul, le reste du monument étant enseveli sous une énorme quantité de terre que je n'ai pas les moyens de faire enlever.

III

Le 19 août, entrée, à 8 mètres de profondeur, dans un tombeau semblable à celui découvert en 1880 et à celui que vous avez publié cette année. Mais l'étage supérieur offrait cette différence que, vis-à-vis de la porte, il n'y avait pas de niches et qu'il ne renfermait pas de squelettes. Il n'y avait que deux squelettes et ils reposaient dans les deux auges de l'étage inférieur.

Dans l'étage supérieur, nous avons recueilli :

1° Une *œnochoé de bronze doré,* haute, y compris l'anse, de 0^m,32. Cette anse attachée à la panse du vase par une palmette semblable à celle des anses du vase d'Amathonte que vous avez acquis en 1862 au nom de la France, vient rejoindre l'intérieur de l'orifice par un double ornement qui se compose du globe entre deux *uræus* et une tête de veau;

2° Les *os d'un oiseau* (?) groupés dans un espace grand comme la main;

---

[1]. Quelques-uns de ces disques, croissants et quarts de sphère qui doivent se rapporter au culte de la déesse Tanit, ont été trouvés contre la paroi extérieure du tombeau; nous en reproduisons un à la planche I.

3° Une *corbeille* en jonc ou autre matière végétale, que nous avons d'abord prise pour une étoffe grossière. Elle s'était affaissée sur elle-même en recouvrant les objets qu'elle contenait. Ces objets étaient :

  a. Un *miroir de bronze* de 0m,12 de diamètre.

  b. Une *hachette* de même métal, longue de 0m,09.

  c. Deux *petites anses* également de bronze, d'inégale grandeur et conservant chacune des traces du bois auquel elles étaient attachées.

  d. Trois *perles rondes*, en pâte de verre.

  e. Petite *tablette de faïence*, rectangulaire, longue de 0m,0192 et large de 0m,016; *amulette* portant d'un côté l'*oudja* et de l'autre une vache allaitant son veau. (Cf. Perrot, III, p. 237, f. 182.)

4° Neuf *morceaux d'ivoire*, en forme de *calottes de sphère*, provenant sans doute de l'ornementation de la corbeille;

5° Deux *patères*, l'une en terre rouge ornée intérieurement de cercles noirs, l'autre en terre grise ornée intérieurement de cercles rouges;

6° Une *lampe punique*;

7° Deux *grands vases*, hauts de 0m,55. Au fond de l'un d'eux, deux *petites fioles* de terre grise;

8° Enfin *deux autres vases*, l'un haut de 0m,52, l'autre de 0m,39.

Dans l'étage inférieur, formé de deux sarcophages[1] juxtaposés, nous avons trouvé chaque squelette à sa place. Celui qui reposait à gauche était assez bien conservé et a pu être transporté au musée. C'est un squelette d'homme. A côté de lui nous avons reconnu les restes d'un *coffret en bois*, et nous avons recueilli l'*empreinte de son sceau* sur une matière ressemblant à de la cire et *son sceau* lui-même qui est un *scarabée en agate monté sur or*. Le plat du scarabée représente le dieu *Bès* tenant de chaque main par la queue un *uræus* et un sanglier. Au-dessus de ce personnage, on voit le *globe ailé*. (Voir ci-dessous le dessin agrandi.)

1. Monolithes.

Le squelette qui reposait à droite était très mal conservé. Ce devait être celui d'une femme, car nous avons trouvé dans son sarcophage un *anneau d'or massif* ayant servi de bague et les *éléments d'un collier* composé de six grains d'agate, d'une perle en pâte de verre, de trois *amulettes* (un *oudja* et deux dieux *Bès*) et encore d'une petite *sonnette en or*, ornée extérieurement de losanges en filigrane. Enfin nous avons retiré de cette tombe un second *scarabée en agate monté sur or* et portant sur le plat une *déesse ailée*, Isis ou Nephthys, ayant devant elle un adorateur debout. Au-dessus de cette scène, le *globe ailé*, et dans le champ, un *croissant* qui embrasse un *disque* de ses cornes relevées.

Fig. 3. — Scarabées grossis.

Nota. C'est en creusant un puits vertical que nous avons atteint à 8 mètres de profondeur la porte de ce tombeau punique. Mais la terre ne tardera pas à le recouvrir de nouveau. Je voudrais cependant pouvoir en faciliter aux touristes l'accès de plein pied. Pour cela, il faudrait remuer et transporter plusieurs centaines de mètres cubes de terre. Le travail n'est pas difficile, mais il est dispendieux et je n'ai malheureusement à ma disposition aucune ressource pour l'entreprendre.

A.-L. Delattre,
pr. miss. d'Alger.

NÉCROPOLE DE CARTHAGE
FOUILLES DU PÈRE DELATTRE

NÉCROPOLE DE CARTHAGE
FOUILLES DU PÈRE DELATTRE

NÉCROPOLE DE CARTHAGE
FOUILLES DU PÈRE DELATTRE

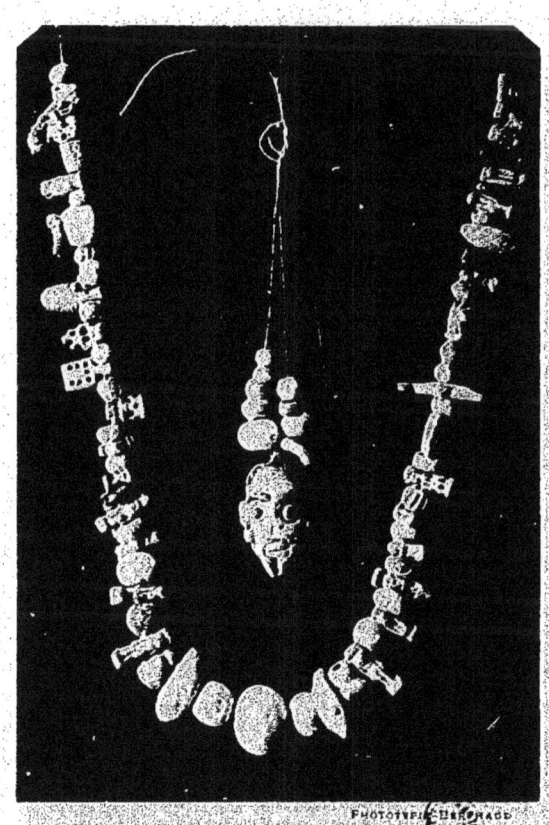

NÉCROPOLE DE CARTHAGE
FOUILLES DU PÈRE DELATTRE

www.ingramcontent.com/pod-product-compliance
Lightning Source LLC
Chambersburg PA
CBHW070715050426
42451CB00008B/661